**Género** Ficción realista



**¿? Pregunta esencial**

¿Cómo nos afecta el tiempo?

# Un día de nieve

Donna Loughran

ilustrado por

Roberta Collier-Morales

**LECTURA COMPLEMENTARIA**

Rosita mira por la ventana. ¡Está nevando! El campo se ve completamente blanco.

Es la primera nevada del año.

—¿Qué haces, Rosita? —le pregunta su hermana, Tere.

—Miro la nieve —responde Rosita, contenta.

Las niñas desayunan. Mientras tanto, platican sobre la nieve.

—¿Podemos salir a jugar? ¡Por favor, mamá! —suplican.

| Detective del lenguaje | ¿Cuál es el sujeto de la oración subrayada? |
| --- | --- |

—Bueno —dice mamá—. Pero hay que abrigarse. Lo principal es que no se enfermen.

Las niñas se ponen la ropa más abrigada que tienen.

**AHORA COMPRUEBA**

¿Por qué Rosita y Tere se abrigan?

—¿Quieres hacer algo diferente hoy? —pregunta Tere.

—No —dice Rosita—. Lo de siempre... ¡Un muñeco de nieve!

Tere vuelve de reunir bellotas.

—¡Son para los ojos! —dice—. Y la nariz será esta zanahoria.

—¡Y unas semillas serán la boca! —dice Rosita.

**AHORA COMPRUEBA**

¿Qué hacen las niñas afuera?

—¡Vengan, niñas! Hay que entrar en calor —las llama mamá.

Las niñas van a la cocina.

—Mamá, ¿hiciste chocolate caliente? —pregunta Tere.

—¡Claro! —dice mamá—. Es lo mejor para un día como hoy.

—Yo también quiero aprender a hacerlo —dice Rosita—. ¿Cómo puedes obtener tanta espuma?

Ya es casi de noche.

—¡Qué día tan divertido! Me gusta la nieve —dice Rosita.

—Habrá más días de nieve, ya lo verás —explica mamá.

**AHORA COMPRUEBA**

¿Por qué el día le pareció divertido a Rosita?

Tere se ríe.

—¡Miren! —dice—. ¡Un venado se come la nariz del muñeco!

—¡Me gusta mucho vivir en el campo! —comenta Rosita.

**Detective del lenguaje** ¿Cuál es el sujeto de la oración subrayada?

# Respuesta a la lectura

## Volver a contar

Vuelve a contar *Un día de nieve* con tus propias palabras.

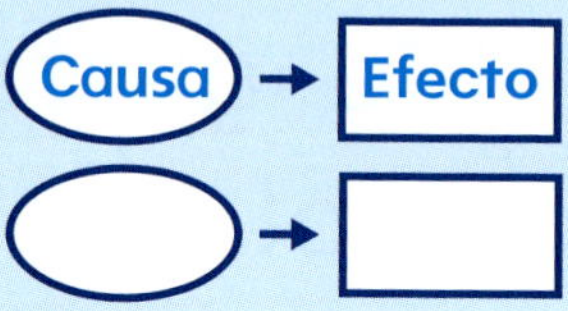


## Evidencia en el texto

1. Mira la página 2. ¿Qué efecto causa la nieve? **Causa y efecto**

2. Mira la página 8. ¿Por qué las niñas vuelven a la casa? **Causa y efecto**

3. ¿Cómo sabes que *Un día de nieve* es un cuento de ficción realista? **Género**

**Género** No ficción

**Compara los textos**

Lee más sobre la nieve.

# Una montaña de nieve

¿Te gusta la nieve? ¡Entonces el Monte Rainier te encantará!

# ¡Cuánta nieve!

El Monte Rainier está en el oeste de nuestro país, cerca de Seattle. Allí hay nieve casi todo el año.

En un año cayeron 94 pies de nieve. ¿Sabes cuánto es eso? Imagina a 24 niños, uno encima del otro.

# ¡Diversión en la nieve!

A muchas personas les gusta la nieve. En la nieve se puede acampar, esquiar, escalar, etcétera. Pero se deben usar botas y ropa especiales.

## ¿? Haz conexiones

Mira ambas selecciones. ¿Cómo puedes divertirte en la nieve? **El texto y otros textos**

Enfoque:

# Ciencias

**Propósito** Aprender qué efecto tienen el calor y el agua en las plantas

## Paso a paso

**Paso 1** Coloca en una ventana dos macetas con pasto.

**Paso 2** Durante cinco días, riega una de las macetas.

**Paso 3** No riegues la otra maceta.

**Conclusión** ¿Qué pasó con el pasto que no regaste?